De campamento en el jardín

por Carlynn Trout
ilustrado por Nancy Cote

HOUGHTON MIFFLIN   BOSTON

Lucy y Matt se despidieron de su mamá con un beso. Su mamá se iba a un viaje de trabajo. El abuelito había venido a quedarse con ellos mientras su mamá estaba fuera.

—¿Qué quieren hacer mientras su mamá está de viaje? —preguntó el abuelito.

—Podríamos construir un fuerte —dijo Lucy.

—Sí, podríamos hacer eso— afirmó el abuelito con la cabeza.

—Podríamos irnos de campamento —sugirió Matt.

—¿De campamento? —preguntó el abuelito—. ¿Cómo? Nunca hemos acampado.

Matt les contó de su amigo Ben que acababa de irse de campamento con su familia.

—Fueron en auto al campo —empezó Matt—. Después, armaron la tienda de campaña e hicieron una fogata. Antes de dormirse miraron las estrellas en un cielo maravilloso.

El abuelito sonrió a Lucy. Lucy sonrió al abuelito. Los dos se rieron con Matt.

Todos gritaron al mismo tiempo:

—¡Vamos de campamento!

De repente, desapareció la sonrisa del abuelito y se puso triste.

—Niños, no tenemos tienda de campaña, ni lámparas —dijo, preocupado—. Ni siquiera estamos cerca del campamento.

Lucy y Matt se miraron. Sin decir nada, parecían saber exactamente qué hacer. Lucy corrió hacia la ventana y se asomó al jardín de atrás. Matt abrió de golpe un armario y sacó una cobija grande, dos linternas y una mochila.

—Abuelito, podemos acampar en el jardín —dijo
Lucy.

—Podemos colgar esta cobija en el tendedero y
así hacemos la tienda de campaña —explicó Matt—.
Cuando sea de noche, nos alumbraremos con las
linternas.

—Y podemos asar esto en la parrilla —agregó el
abuelito, sosteniendo una bolsa de malvaviscos.

Todos se pusieron a trabajar. Lucy se llevó la cobija y se puso a armar la tienda. Matt guardó las linternas, la comida y las bebidas en la mochila. El abuelito encendió la parrilla y así quedó lista para cocinar.

Al poco tiempo, el campamento estaba listo.

—¿Qué hacemos hasta que sea la hora de cenar?
—preguntó Matt.

—¿Qué suelen hacer los excursionistas?
—preguntó el abuelito.

—Ya sé —contestó Lucy—. Los excursionistas
hacen caminatas.

Así que Lucy, Matt y el abuelito se fueron a
hacer una caminata. Primero, fueron hasta una
esquina del jardín donde había un gran roble. Allí
vieron dos ardillas correteando en una rama alta.
Un petirrojo bajó al suelo y se paró en el pasto.
Una culebrita se escondió debajo de una piedra.

10

Después, se acercaron a donde estaban las plantas de su mamá. Vieron mariposas bailando sobre las flores. Espiaron a una araña tejiendo su telaraña. Se rieron con los saltamontes que saltaban ¡por todos lados!

Por fin regresaron a la tienda de campaña.
El sol se estaba poniendo y todos tenían hambre.
Era la hora de preparar la cena. Matt sacó unos
perritos calientes y la bolsa de malvaviscos de la
mochila. El abuelito revisó la parrilla. Lucy
encontró tres varitas rectas para asar la comida.

—¡Qué bien sabe este perro caliente! —dijo
Lucy, dándole una gran mordida.

—Y estos malvaviscos están riquísimos —añadió
el abuelito, chupándose los dedos.

—¿Verdad que es divertido ir de campamento?
—preguntó Matt.

Antes de que nadie pudiera contestar, llegó
zumbando el tren que pasaba detrás de la casa varias
veces al día. Hacía tanto ruido que no se oía
nada más.

13

Cuando el tren acabó de pasar, el abuelito encendió una linterna y dijo:

—Bueno, yo creo que la mayoría de los excursionistas escuchan muchos ruidos durante la noche. Tal vez eso era un oso.

Lucy guiñó un ojo a su abuelito y dijo:

—Sí, eso era un oso.

—Un oso muy, muy grande con unas zarpas afiladas —bromeó Matt, curvando los dedos y dando zarpazos en el aire.

Poco después, Lucy y Matt empezaron a bostezar.

—Tengo sueño —dijo Lucy.

—Yo también —dijo Matt.

—El abuelito apagó la linterna y dijo:

—Vamos a mirar las estrellas antes de acostarnos.

Miraron al cielo y descubrieron la luna brillante y muchas estrellas relucientes.

—¿No son preciosas? —susurró Matt.

—Y ni siquiera tuvimos que salir de la casa —suspiró Lucy.

El abuelito sonrió:

—A lo mejor, la próxima vez sí salimos —les dijo.